El hijo pródigo y su padre pródigo

Jonathan Williams

ISBN-13: 978-1461181569
ISBN-10:1461181569

Traducción: Aida Scalercio con Roberto Pérez
Diseño de la portada: Scott Iden
TopBox Solutions
www.topboxsolutions.com

ISBN 13: 978-1499388817
ISBN-10: 1499388810

Reconocimientos

Puedo escribir un libro sobre el perdón porque soy un hombre perdonado - Por Dios y por otros. Por esto, estoy eternamente agradecido.

Los pensamientos de este libro provienen de tres fuentes – Las experiencias de la vida, la Palabra de Dios, y las escrituras de los eruditos. Para mí, las perspectivas del Dr. Kenneth Bailey, que ha vivido y estudiado en el Medio Oriente durante la mayor parte de su vida, han enriquecido y han hecho que cobre vida esta historia. Espero que haga lo mismo para ti.

Contenido

La Historia Como la Conto Jesús

"Cierto hombre tenía dos hijos;

"El menor de ellos le dijo al padre: "Padre, dame la parte de la hacienda que me corresponde." Y él les repartió sus bienes.

"No muchos días después, el hijo menor, juntándolo todo, partió a un país lejano, y allí malgastó su hacienda viviendo perdidamente.

"Cuando lo había gastado todo, vino una gran hambre en aquel país, y comenzó a pasar necesidad. Entonces fue y se acercó a uno de los ciudadanos de aquel país, y él lo mandó a sus campos a apacentar cerdos. Y deseaba llenarse el estómago de las algarrobas que comían los cerdos, pero nadie le daba nada.

"Entonces, volviendo en sí, dijo: "¡Cuántos de los trabajadores de mi padre tienen pan de sobra, pero yo aquí perezco de hambre!

""Me levantaré e iré a mi padre, y le diré: 'Padre, he pecado contra el cielo y ante ti; ya no soy digno de ser llamado hijo tuyo; hazme como uno de tus trabajadores.'"

"Y levantándose, fue a su padre. Y cuando todavía estaba lejos, su padre lo vio y sintió compasión por él, y corrió, se echó sobre su cuello y lo besó.

"Y el hijo le dijo: 'Padre, he pecado contra el cielo y ante ti; ya no soy digno de ser llamado hijo tuyo.'

"Pero el padre dijo a sus siervos: 'Pronto; traed la mejor ropa y vestidlo, y poned un anillo en su mano y sandalias en los pies; y traed el becerro engordado, matadlo, y comamos y regocijémonos; porque este hijo mío estaba muerto y ha vuelto a la vida; estaba perdido y ha sido hallado.' Y comenzaron a regocijarse.

"Y su hijo mayor estaba en el campo, y cuando vino y se acercó a la casa, oyó música y danzas.

"Y llamando a uno de los criados, le preguntó qué era todo aquello.

"Y él le dijo: 'Tu hermano ha venido, y tu padre ha matado el becerro engordado porque lo ha recibido sano y salvo.'

"Entonces él se enojó y no quería entrar. Salió su padre y le rogaba que entrara.

"Pero respondiendo él, le dijo al padre: 'Mira, por tantos años te he servido y nunca he desobedecido ninguna *orden tuya, y sin embargo, nunca me has dado un cabrito para regocijarme con mis amigos; pero cuando vino este hijo tuyo, que ha consumido tus bienes con rameras, mataste para él el becerro engordado.'*

"Y él le dijo: 'Hijo mío, tú siempre has estado conmigo, y todo lo mío es tuyo. "Pero era necesario hacer fiesta y regocijarnos, porque éste, tu hermano, estaba muerto y ha vuelto a la vida; estaba perdido y ha sido hallado."'

- de Lucas 15:11-32

1 EL PADRE PRÓDIGO

¡Es la hora de contar historias! ¿Acaso hay algo mejor? Una madre arropa a sus hijos en la cama y saca su libro favorito. Con los ojos brillantes y una expresión ansiosa, los niños están listos para seguir con atención esos momentos tan emocionantes que tendrá la historia de esta noche.

No muy lejos de ahí, en una librería, la gente entra llenando el lugar para comprar un café y hojear los últimos "Best Sellers" - Buscando una buena historia para llevar a casa. Un poco más allá, los jóvenes hacen línea en el cine para entrar a ver la más reciente película de acción - Esperando ver a su héroe favorito en acción.

A miles de kilómetros de distancia, en un remoto

rincón del mundo, los ancianos de un pueblo reúnen a su gente para que escuchen sus historias y tradiciones, para que sean preservadas y pasen a la siguiente generación.

¡No hay nada en el mundo como contar historias!

Era la hora de contar historias en Israel. Pero la imagen de una mamá y su hijo, o de un buen libro junto a la chimenea, no era precisamente el escenario de esta historia. Jesús, el narrador, estaba en problemas.

Parecía que las autoridades religiosas de su pueblo no aprobaban el tipo de compañía de la que Él se hacía rodear. Pasaba mucho tiempo con los "pecadores". No, no era solamente la *cantidad* de tiempo que Él pasaba con ellos. ¡Jesús los *recibía* y *disfrutaba* de su compañía!

La gente religiosa estaba en estado de choque. ¡Esto es escandaloso! Estas personas estaban malditas. Con su moral relajada y su patriotismo cuestionable, eran la raíz venenosa de la cual provenían los problemas de la sociedad. Era por ellos que Dios no había cumplido sus promesas. Era por ellos que la nación era esclava de los conquistadores Romanos.

Lucas nos muestra la escena de esta manera:

Muchos recaudadores de impuestos y pecadores se acercaban a Jesús para oírlo, de modo que los fariseos y los maestros de la ley se pusieron a murmurar: «Este hombre recibe a los pecadores y come con ellos.»[1]

¿Qué hay de malo en ser cobrador de impuestos? Me imagino que dedicarse a cobrar impuestos nunca ha sido un trabajo muy popular. Nadie quiere dar parte de su dinero al gobierno, especialmente si el gobierno es represivo e injusto. Pero fue especialmente repugnante en el primer siglo de Israel, donde los recaudadores de impuestos eran hombres judíos quienes cobraban los impuestos a sus propios hermanos para pagar a los romanos: los opresores extranjeros de la gente.

¿Cómo era posible que hicieran algo como esto? Los romanos eran los enemigos. ¿No era esta una forma de colaborar con ellos? Claro, los tiempos eran difíciles, y era difícil conseguir una buena paga para mantener a los hijos, pero trabajar para estos hombres era una deslealtad para la nación, o más aún ¡una traición! ¿Recaudadores de impuestos? ¡Eran un montón de traidores!

¿Y qué hay de los "pecadores"? ¿Acaso no son todos

---

[1] Lucas 15:1-2 NUEVA VERSION INTERNACIONAL, 1999, Sociedades Bíblicas Unidas.

pecadores? Estos no eran los pecadores típicos. Estas eran personas que se habían hundido profundamente en la oscuridad. Estas eran las prostitutas y otras personas de su clase, que habían dejado el mundo normal para vivir una vida dedicada al vicio.

¡Pero ellos se habían aglomerado alrededor de Jesús! Amaban a Jesús. El los había recibido y amado. Él dijo que ellos tenían la posibilidad de volver a un Dios de amor y de aprender Sus caminos. ¡Jesús les dio un nuevo comienzo! Y por esto, estaba en problemas con las autoridades religiosas.

Justo cuando parecía que iba a explotar una confrontación, Jesús contó una historia que todos necesitaban oír. Era el momento de contar historias en Israel.

> »Un hombre tenía dos hijos-continuó Jesús-. El menor de ellos le dijo a su padre: "Papá, dame lo que me toca de la herencia." Así que el padre repartió sus bienes entre los dos.[2]

Si la demanda del hijo menor te suena exigente y despiadada, entonces estás escuchando la historia correcta. Su petición tan egoísta habría quedado bien en la sociedad del presente centrada en el egoísmo.

---

[2] Lucas 15: 11-12. NUEVA VERSION INTERNACIONAL, 1999, Sociedades Bíblicas Unidas.

En la cultura de Jesús, que un hijo pidiera a su padre su parte de los bienes, era un insulto, algo totalmente impensable. Ningún hijo hubiera pedido algo así de su padre, porque hacerlo era lo mismo que decir: *"Padre, quisiera que estuvieras muerto"*. En esas culturas solo en circunstancias muy especiales se haría una petición como esa, tal vez por ejemplo para evitar alguna disputa familiar. Pero, si esto se hacía, se entendía que el hijo se quedaría con su padre, y usaría su herencia para cuidar de él en sus últimos años de vida.

Tal vez el hijo tenía eso en mente, y no era tan malo después de todo. Tal vez él pensaba que podía manejar los bienes para beneficio de su padre, o pensó que necesitaba algo de experiencia en administración, en caso de que su padre muriera antes de tiempo. Pero no podemos hacer conjeturas con un punto de vista tan generoso. La historia continúa:

> *Poco después el hijo menor juntó todo lo que tenía y se fue a un país lejano; allí vivió desenfrenadamente y derrochó su herencia.*[3]

El hijo tenía otros planes. En cuanto su padre le dio su parte, la vendió, juntó el dinero, preparó sus maletas y se fue, no permitiendo que su padre disfrutara los beneficios de la riqueza que él había acumulado con su

---

[3] Lucas 15: 13. NUEVA VERSION INTERNACIONAL, 1999, Sociedades Bíblicas Unidas.

trabajo. El hijo avergonzó doblemente a su padre. Pidió bienes mientras su padre aún vivía, y los vendió tan rápido como pudo para poder irse del pueblo. Con su primera acción él estaba diciendo: "Padre, quiero que te mueras". Con su segunda acción, vender los bienes, irse y gastarse el dinero, él estaba diciendo: "Lo necesito todo, ahora, para mí. No voy a ahorrarlo ni a administrarlo para ti".

Pero las consecuencias siempre encuentran alguna manera de atraparnos.

Después de que él había gastado todo, una severa hambruna invadió todo el país, y él comenzó a tener necesidad. Así que fue y consiguió empleo con un ciudadano de ese país, quien lo envió al campo para alimentar a los cerdos. Él deseaba llenar su estómago con la comida de los cerdos, pero nadie le daba nada.

La hambruna era una imagen muy familiar y atemorizante para los que estaban escuchando la historia. Ellos entendían por qué esta golpeó al hijo menor de manera tan dura. El hijo, que una vez fue adinerado, estaba con necesidad y ahora estaba en desventaja. Él era un judío soltero que vivía en un país extranjero, un país que no podría haber visto con buenos ojos, ni aprobado, a alguien de su raza, y especialmente a alguien como él que no había tomado en cuenta a su gente ni a sus costumbres. Pidió ayuda, pero nadie vino. Siguió pidiendo, y aun así, nadie respondió y su situación se volvió desesperada.

En una hambruna, los mendigos piden ayuda a los que tiene comida o trabajo. Esto es exactamente lo que hizo el hijo. En el lenguaje original de la historia, dice que el hijo se "pegó" a un hombre que tenía dinero, trabajo y comida. ¿Qué haces cuando una persona se te pega y no te deja de rogar por ayuda y te quieres deshacer de ella? Le ofreces el trabajo más bajo posible. Por eso este terrateniente, un ranchero que criaba cerdos, le ofrece a este hijo judío el más inimaginable de los trabajos: ¡El cuidar de los cerdos!

¿Sientes la fuerza que esta historia tenía para las autoridades religiosas y para los pecadores y recaudadores de impuestos? Jesús, un judío, está contando una historia a un público judío sobre un par de chicos judíos, ¡y uno de ellos termina en un corral de cerdos! Para los judíos, el puerco es intocable. Pero, para poder mostrar cuán profundo había caído este joven judío, Jesús nos dice que, no solamente avergonzó a su padre y desperdició sus bienes, ¡sino que también se hundió hasta el nivel de los puercos! Él no estaba comiendo carne de puerco. Él estaba trabajando con cerdos y viviendo como uno de ellos. Los cerdos eran sus nuevos amigos.

Pero ni siquiera este nuevo trabajo protegió al hijo del peligro que él mismo había traído sobre sí. Sus fondos no eran suficientes para comprar comida y sobrevivir. En una hambruna, el costo del trabajo es muy barato. La comida que comían los cerdos se veía bien, aunque su valor como comida fuera cuestionable. Con el hambre que había en la región, el ranchero de seguro no les daría grano del bueno. Las algarrobas silvestres podrían alimentar bien a un cerdo, pero no eran suficientes para alimentar a un humano. Aun así, el hijo estaba tan desesperado que rogaba por la comida de los cerdos, pero ni siquiera eso se le estaba disponible. Entonces comenzó a mendigar otra vez, pero nadie le daba nada para comer.

Nosotros podríamos pensar, "¡Está recibiendo su merecido!" "Está cosechando lo que sembró". ¡Muy cierto! Podemos asegurar que las autoridades religiosas que estaban escuchando a Jesús estaban pensando lo mismo. Pero Jesús no pensaba de la misma manera.

Por fin recapacitó y se dijo: "¡Cuántos jornaleros de mi padre tienen comida de sobra, y yo aquí me muero de hambre! Tengo que volver a mi padre y decirle: Papá, he pecado contra el cielo y contra ti. Ya no merezco que se me llame tu hijo; trátame como si fuera uno de tus jornaleros." [4]

¡Qué frase! *Por fin recapacitó.* ¡Había esperanza para este hombre! Desde las oscuras cavernas de su alma, en donde el sufrió por una mala decisión tras otra, se encontró con algo de sentido común. Como veremos, su solución no es perfecta. Pero ha tomado un paso en la dirección correcta, y este giro que da la historia nos dice algo maravilloso: *No importa que tan lejos hayamos caído, ¡siempre podemos recapacitar y cambiar!*

Y así, el hijo pródigo traza un plan para regresar a casa, y en este plan muestra una nueva sensibilidad por las cosas tan horribles que ha hecho. Esto nos da un mensaje importante: *cuando pecamos contra los demás, pecamos contra Dios.* Y cuando hacemos lo necesario para reconciliarnos con otros, debemos darnos cuenta de que también necesitamos reconciliarnos con Dios. Mientras ensayaba su confesión, decía, "He pecado contra el cielo y contra ti."

Una de las mejores partes de la sabiduría que podemos aprender es esta: Cuando fallamos según el estándar de los hombres, también fallamos en el

---

[4] Lucas 15: 17-19. NUEVA VERSION INTERNACIONAL, 1999, Sociedades Bíblicas Unidas.

estándar de Dios, que es más importante: Cuando pecamos contra otros, también pecamos contra Dios. Debemos buscar la reconciliación con Dios porque esta es la relación más importante en la que se basan todas las demás relaciones. Una persona que tiene una relación saludable con Dios, tendrá también relaciones saludables con los demás.

Pero, ¿cómo nos reconciliamos con Dios? ¡Esta es la pregunta más importante de la vida, y mucha gente no conoce la respuesta! En la historia del hijo pródigo, Jesús nos muestra que el hijo, aunque recapacitó, todavía no comprendía lo qué debía suceder para que hubiera una reconciliación. El hijo quería volver, pero quiere volver como *trabajador*. Se da cuenta que no es digno de ser un hijo. No tiene ninguna expectación de ser restaurado como hijo, pero tal vez puede recuperar su lugar en el pueblo siendo un jornalero. Puede ganar para vivir, ganar algo de respeto, e incluso compensar a su padre por la riqueza que malgastó. ¿Funcionaría su plan? Es un plan sensible. ¿Aceptaría esto su padre? Sólo había una manera de averiguarlo, como nos dice la historia, se levantó y se fue a casa.

La escena cambia. Estamos de regreso en el pueblo, en la casa del padre. El hijo mayor está en el campo trabajando lo que queda de la granja de la familia. Su padre se ha quedado en casa este día, tal vez para descansar, tal vez para hacer algunos negocios con otras personas del pueblo, y en este día en particular, el padre mira en dirección al camino. ¡Alguien se acerca! Aún está bastante lejos, pero alguien viene en el camino hacia el pueblo.

¿Tienes la impresión de que el padre miraba hacia ese camino con frecuencia - el mismo camino que su hijo tomó cuando se fue, años atrás? Día tras día, semana tras semana, mes tras mes, el padre iba al camino y, con mucho dolor, revivía el momento en que su hijo se marchó. Tal vez un día regresaría.

El padre esperó, conteniendo su aliento, a medida que la pequeña figura iba creciendo. "Espera un minuto", dice el padre. "Esa manera de caminar me resulta familiar, conozco ese paso. ¡Reconozco esos rasgos!" Y cuando supo que era su hijo, su corazón se llenó de compasión. Jesús dijo,

> »*Todavía estaba lejos cuando su padre lo vio y se compadeció de él; salió corriendo a su encuentro, lo abrazó y lo besó.*[5]

El hijo no esperaba esto. No estaba preparado para tal explosión de compasión, y todo lo que pudo hacer fue aferrarse de su confesión ensayada, que había

---

[5] Lucas 15: 20. NUEVA VERSIÓN INTERNACIONAL, 1999, Sociedades Bíblicas Unidas.

elaborado en esa tierra distante donde había vivido con los cerdos.

El joven le dijo: "Papá, he pecado contra el cielo y contra ti. Ya no merezco que se me llame tu hijo."[6]

Pero el hijo no puede completar su confesión. Cuando está a punto de entrar a la parte donde debe ser recibido como uno de los jornaleros, ¡su padre lo interrumpe!

Pero el padre ordenó a sus siervos: "¡Pronto! Traigan la mejor ropa para vestirlo. Pónganle también un anillo en el dedo y sandalias en los pies. Traigan el ternero más gordo y mátenlo para celebrar un banquete. Porque este hijo mío estaba muerto, pero ahora ha vuelto a la vida; se había perdido, pero ya lo hemos encontrado." Así que empezaron a hacer fiesta.[7]

¡Si tan sólo supiéramos cuan profunda es la compasión de Dios por todos nosotros! Nosotros venimos con nuestras confesiones ensayadas. Le decimos nuestra

---

[6] Lucas 15:21. NUEVA VERSIÓN INTERNACIONAL, 1999, Sociedades Bíblicas Unidas.

[7] Lucas 15:22-24. NUEVA VERSIÓN INTERNACIONAL, 1999, Sociedades Bíblicas Unidas.

historia, y hasta donde nos hemos alejado. Estamos listos con nuestro plan para reformarnos y obtener algo de respetabilidad cuando Dios nos interrumpe. Él interrumpe porque nuestros planes sencillamente no van a funcionar. Él tiene un mejor plan. Es el plan de un perdón completo y un amor restaurador. ¡Él es el Padre Pródigo!

¡El hijo pródigo y su padre pródigo! Algunos de ustedes escucharon o vieron el título de esta historia y pensaron: ¿A qué te refieres con eso de "padre pródigo"? "¡Yo pensaba que el pródigo de la historia era el hijo!"

Nuestra confusión viene de no comprender el significado de la palabra *pródigo*. *Pródigo* no significa malvado o pecaminoso. *Pródigo* significa excesivo y abundante. El hijo era pródigo porque era excesivo en cuanto a su egoísmo y su alocada manera de vivir. ¡Pero el padre era pródigo en su perdón y compasión! ¡Él era el *Padre Pródigo*! Y no estaríamos mal al decir que el padre era más pródigo en su compasión y ternura que el hijo era en su pecado.

Esto era algo que el hijo no comprendió antes de dejar su casa y que no comprendió cuando ideo un plan para recuperar algo del respeto que había perdido ante su familia y su pueblo. El nunca comprendió el gran amor de su padre.

Al comienzo de la historia, en un increíble acto de amor, el padre le dio a su hijo los bienes. En el mundo antiguo (y todavía en muchos lugares), el padre tiene el poder absoluto en la familia. Dicha solicitud vergonzosa de un hijo normalmente se encontraría con enojo y disciplina pública. Sin embargo, el padre no hizo esto.

En un increíble acto de amor, el padre permitió que su hijo vendiera su parte de la herencia familiar. Ese dinero, aunque legalmente estaba en posesión del hijo, era para cuidar del padre. Pero el hijo empeñó la herencia lo más rápido que pudo. Lo que se tomo toda una vida para obtener, él lo vendió en cuestión de días. Este evento privado se transformó en noticia en todo el pueblo, y aun así el padre no actuó, sino que permaneció en silencio y soportó la vergüenza y la humillación de la conducta de su hijo.

En un increíble acto de amor, el padre corrió hacia su hijo que regresaba. Los hombres, en las culturas como la de la historia de Jesús, no corrían en público porque estaba muy por debajo de su dignidad. Su caminar pausado demostraba su honor. Pero el padre corre hacia el hijo a la vista de todos los hombres del pueblo.

Ver a su padre corriendo hacia él sorprendió al hijo y resolvió su problema de ansiedad. ¿Cómo volvería a su pueblo? Su comportamiento vergonzoso había sido de conocimiento público desde que él recibió y vendió su parte de la herencia. Dichas transacciones se hacían en lugares públicos. Los pobladores, al ver su regreso, lo escupirían e insultarían al caminar desde la orilla del pueblo hasta la casa de su padre. Seguramente el hijo se había preparado para recibir este tipo de respuesta de parte de la gente. Pero finalmente no tuvo que sufrir el dolor de esta desgracia porque el padre tomó la vergüenza por él. El padre, en compasión y gozo, se deshace de toda su dignidad pública y corre insensatamente hacia su hijo y los pobladores, ahora completamente desarmados de sus insultos, siguen la situación con atención para ver lo que sucedería.

En un increíble acto de amor, el padre ordena a sus siervos que le traigan la mejor ropa. A los religiosos que rodeaban a Jesús, los que se habían escandalizado porque Él había recibido a gente pecadora, se les debió haber atorado el almuerzo cuando escucharon esta parte de la historia. La ropa, a la que Jesús se refería, era exclusivamente la que usaban las personas de la clase alta y la élite religiosa para exhibir su dignidad. La orden del padre fue: *"Vayan y traigan la mejor ropa, que está reservada sólo para las mejores personas, y póngansela a mi hijo"*. Sin duda alguna, esta debe haber sido su propia ropa, ¿Quiénes de su casa podrían usar una ropa como esa?

¿Cómo pudo una persona tan indigna vestir una ropa como esta? Esas son las buenas noticias y el punto de la parábola. Dios lo hace posible. No solamente nos perdona lo que hemos hecho mal, también nos hace justos con Él. Estamos vestidos en Su justicia. Somos declarados santos, justos, buenos y perfectos ante los ojos de Dios. El perdón y una relación restaurada con nuestro Creador se basan en la gracia. ¿Qué es la gracia? La gracia es cuando Dios hace por las personas lo que ellas nunca podrán hacer por sí mismas. La gracia es cuando Dios hace por las personas lo que ellas nunca hubieran merecido que Él hiciera por ellas. La gracia nos permite usar la mejor ropa.

En un acto increíble de amor, el padre le pone un anillo a su hijo, símbolo de que pertenece a su casa. En un increíble acto de amor, el padre ordena que calcen sus pies con sandalias. Los siervos andaban descalzos. Solamente los miembros de la familia usaban sandalias. Y en un increíble acto de amor, el padre organizó una fiesta para todo el pueblo. Una familia no puede comerse la ternera más gorda y más grande en solo una noche, esta era comida suficiente para todo un pueblo.

¿Qué tipo de padre es este? No, esta es la pregunta equivocada. ¿De qué tipo de Dios está hablando Jesús? Él es el Dios Pródigo – excesivo en su compasión, perdón y en los dones que nos da. **El gran predicador, C.H. Spurgeon, lo dijo mejor. "No puedes pecar tanto como Dios puede perdonar. Si se trata de una intensa batalla entre el pecado y la gracia, no eres tan malo como Dios es bueno. Sólo podemos pecar como un hombre, pero Dios puede perdonar como Dios. "**¿No te gustaría amar a este Dios? **¿No quieres llevar tu vida bien con Él?** ¿No te gustaría darle tu corazón? El Dios de Jesús es el *Padre Pródigo*, el Dios de extrema compasión. Jesús trajo este amor a los que más lo necesitaban: ¡pecadores! Y por eso ellos lo amaban tanto.

¿Lo amas? Tú y yo somos como esos pecadores y recaudadores de impuestos. **Tú y yo somos como el hijo pródigo.** Lo insultamos. Hacemos cosas vergonzosas. Desperdiciamos sus dones. Después, desesperados, recapacitamos y nos damos cuenta de lo que hemos hecho y elaboramos un plan para volver. Pero nuestro plan no está del todo bien. Nuestro plan es un trato que queremos hacer con Dios. "Dios, si tú me dejas arreglar algunas cosas, yo te pagare por mi estupidez". Pero eso no es lo que Dios quiere.

El padre de la historia no quería otro jornalero u otro sirviente, ya tenía suficientes. Él quería un hijo. Dios no está interesado en nuestros planes para arreglar las cosas. Él no quiere que nos convirtamos en sus empleados. Él quiere que seamos parte de su familia. Él quiere que seamos sus hijos e hijas, porque ¡Él es el Padre Pródigo!

¿Has experimentado a este Dios? ¿Lo conoces? Tal vez tu pecado ha sido tan excesivo, tan pródigo, que piensas que no puedes regresar. Has estado viviendo en un lugar muy alejado de Él. Has estado desperdiciando tu vida y los buenos dones que Él, libremente, te ha dado. Tu vida puede haber sido reducida a algo similar a la del muchacho judío que vivió con los cerdos. Pero la naturaleza pródiga de Dios excede al más pródigo de los pecados si una persona recapacita y vuelve.

¿Has experimentado este amor pródigo? ¿Por qué no dejar a un lado tus planes y tus pecados y dejas que Dios venga hacia ti? El vendrá corriendo con amor. Puedes abrir tu vida y orar algo como lo siguiente:

"Padre, he hecho lo malo. He tomado el camino equivocado para mi vida. He sido pródigo en mi pecado. Pero ahora vuelvo a ti. Te pido perdón y Te pido, Jesús, que vengas a mi vida y me hagas nuevo. Quiero ser Tu hijo, recibo Tu amor. Amén".

¡Él te está esperando para celebrar contigo!

Piensa Acerca de Esto y Discútelo

1. ¿Por qué crees que el hijo estaba tan ansioso de alejarse de su familia?

_____

_____

_____

2. Lee los siguientes versículos y anota cómo expresan el amor del padre en la historia.

[6] Cuando éramos totalmente incapaces de salvarnos, Cristo vino en el momento preciso y murió por nosotros, pecadores. [7] Ahora bien, casi nadie se ofrecería a morir por una persona honrada, aunque tal vez alguien podría estar dispuesto a dar su vida por una persona extraordinariamente buena; [8] pero Dios mostró el gran amor que nos tiene al enviar a Cristo a morir por nosotros cuando todavía éramos pecadores.

— Romanos 5:6-8

_____

_____

_____

32 *El que no negó ni a Su propio Hijo, sino que Lo entregó por todos nosotros, ¿cómo no nos dará también junto con El todas las cosas?*

— Romanos 8:32

———————————————————

———————————————————

———————————————————

4 *Pero Dios, que es rico en misericordia, por causa del gran amor con que nos amó,* **5** *aun cuando estábamos muertos en (a causa de) nuestros delitos, nos dio vida juntamente con Cristo (por gracia ustedes han sido salvados)* — Efesios 2:4-5

———————————————————

———————————————————

———————————————————

3. ¿Conoces a alguien que sea pródigo y necesite volver a sus sentidos? Si es así, ora por esa persona ahora mismo.

    _____

    _____

    _____

4. ¿Hay alguna área en tu vida que pienses que este más allá del alcance del amor pródigo de Dios? Si es así, ¿por qué no se lo confiesas a Dios y recibes Su perdón?

    _____

    _____

    _____

2 EL REGALO MÁS DIFÍCIL DE DAR

L a historia del hijo pródigo y su padre pródigo está lejos de terminar. Podríamos desear que sí lo fuera, ya que nos gustan los finales felices. Si alguien lo convirtiera en película, fácilmente podríamos mostrar la imagen del padre abrazando a su hijo con una linda música de fondo, mientras pasan los créditos y una hermosa voz canta acerca del amor del padre y el rescate de un hijo. Pero Jesús no había terminado, la historia continuó.

»Mientras tanto, el hijo mayor estaba en el campo. Al volver, cuando se acercó a la casa, oyó la música del baile. Entonces llamó a uno de los siervos y le preguntó qué pasaba. "Ha llegado tu hermano —le respondió—, y tu papá *ha matado el ternero más gordo porque ha recobrado a su hijo sano y salvo."*

Indignado, el hermano mayor se negó a entrar. Así que su padre salió a suplicarle que lo hiciera. Pero él le contestó: "¡Fíjate cuántos años te he servido sin desobedecer jamás tus órdenes, y ni un cabrito me has dado para celebrar una fiesta con mis amigos! ¡Pero ahora llega ese hijo tuyo, que ha despilfarrado tu fortuna con prostitutas, y tú mandas matar en su honor el ternero más gordo!"

"Hijo mío —le dijo su padre—, tú siempre estás conmigo, y todo lo que tengo es tuyo. Pero teníamos que hacer fiesta y alegrarnos, porque este hermano tuyo estaba muerto, pero ahora ha vuelto a la vida; se había perdido, pero ya lo hemos encontrado." »

A veces el perdón puede ser el regalo más difícil de dar. Ni siquiera es una opción cuando escuchamos historias de personas que les han hecho cosas terribles a los demás. ¡Queremos justicia! El perdón es difícil de ofrecer cuando vemos a nuestros amigos y seres amados lastimados y heridos. Es aún más difícil de ofrecer cuando nosotros somos parte de la historia porque alguien nos ha hecho mal y lastimado.

El hijo mayor viene a casa después de otro día de

trabajo duro en lo que quedó de la granja familiar. El padre dividió la propiedad entre los dos hijos, pero el hijo mayor había mantenido su mitad y siguió trabajando para cuidar de las necesidades de su padre. Ahora camina a casa, tal vez por el mismo camino que su hermano menor había tomado unos momentos antes. A medida que se acerca a su pueblo, escucha ruidos bastante fuertes que vienen de allí, es un sonido de fiesta. Pero, ¿por qué y para quién?

¿Por qué no entró a la casa y lo averiguó él mismo? Después de todo es su casa. ¿Por qué actúa con precaución? ¿Sospechará algo? ¿Por qué vienen ruidos de gozo desde su casa y nadie le ha dicho nada? Lleno de intriga, el hijo mayor le pregunta a un joven, "¿Qué está pasando? ¿Por qué está reunido el pueblo entero en mi casa?" Lo más seguro es que el joven es el hijo de alguno de los pobladores que está festejando adentro con el padre y con el hijo que ha regresado. Le dice al hermano mayor que su hermano ha vuelto y el padre ha invitado a todo el pueblo para una celebración por su regreso a casa.

¿Una celebración por su regreso a casa? "Pero, ¿por qué han matado el animal más gordo para todo el pueblo? ¿Por qué la música de fiesta?" ¿Para un hermano que ha avergonzado a su padre? Más preguntas seguían.

"¿Cómo se veía mi hermano? ¿Estaba vestido apropiadamente? ¿Es rico? O, ¿Estaba andrajoso y pobre?" Y al enterarse de la historia completa, el hermano mayor comete un pecado impensable contra su padre: Se enoja y rehúsa unirse a la celebración.

En la cultura de Jesús, era inaudito que un hijo tratara a su padre de esta manera. Era la responsabilidad del hijo de entrar, saludar a los invitados, y de asegurarse que tuvieran todo lo necesario. Era su deber, como miembro de la familia, honrar al que estaba siendo honrado en la celebración, y escuchar a los invitados mientras daban sus buenos deseos a la familia. ¡Pero el hermano mayor no haría nada de eso! Se queda afuera, y una vez más, ¡el padre debe venir hacia un hijo desobediente!

A la vista de todos, el padre deja la fiesta. Uno podría esperar que reprendiera a su hijo mayor por su insulto público y lo forzaría a entrar. Pero el padre, quien mostro a su hijo menor un amor pródigo cuando éste lo ofendió años atrás, ahora también extiende ese amor pródigo a su hijo mayor. Le ruega y busca que se reconcilie con él y con su hermano.

Pero el hijo mayor no lo hará. Insulta a su padre por la manera en que se dirige a él. En lugar de dirigirse a él como "mi padre", el hijo ni siquiera usa su título al hablarle. Se queja y discute con él diciéndole: "¡Mira!,

¡todos estos años te he servido y nunca he desobedecido tus ordenes! Sin embargo nunca me has dado ni siquiera un cabrito para poder hacer una fiesta con mis amigos. ¡Pero cuando este hijo tuyo, que desperdició tus bienes con prostitutas, viene a casa, tu le matas el animal más gordo!"

El hermano mayor estaba hablando de esa manera por el dolor que sentía. Él había vivido una ofensa en tres niveles. Vio a su hermano irse en completa arrogancia y rebeldía, y sólo podía imaginarse cómo estaba viviendo. Vio a su padre sufrir por el egoísmo de su hermano menor. Y sintió el dolor por la falta de responsabilidad de su hermano. El hermano menor debió haberse quedado para ayudar a cuidar a su padre, sin embargo, toda la carga cayó sobre él. Mientras el hermano mayor escuchaba los ruidos de la celebración, no encontraba gozo alguno en su corazón. En lugar de ello, enfado y resentimiento llenaron todas las grietas que la amargura habían hecho en su corazón, y se negó a participar en las celebraciones.

Muchos de nosotros podemos identificarnos con el hermano menor de la historia, que necesitaba el perdón. Algunos se pueden identificar con el padre que tuvo un hijo rebelde, pero algunos de nosotros podemos ser como el hijo mayor que se negó a participar en una celebración del perdón.

El perdón es a veces el regalo más difícil de dar. ¿Por qué?

El perdón es difícil porque nivela el campo del juego y esto nos hace sentir inseguros. A veces no queremos perdonar porque eso implica volver a entrar en una relación de igualdad. El perdón borra las deudas y pone equilibrio. El perdón significa que dejamos ir y no retenemos nada en contra de la persona a la que estamos recibiendo otra vez - Aun si hemos llevado una carga causada por la irresponsabilidad de otro. Tenemos que preguntarnos: "¿Quiero dejar ir y no tener absolutamente nada en contra de la persona que me ha ofendido?" ¿Estamos lo suficientemente seguros en nuestra relación con Dios, para perdonar las ofensas que otra persona nos ha hecho?

En la historia, el padre percibe esto y reafirma al hijo mayor: "Hijo, todo lo que es mío es tuyo. Cuando dividí la propiedad años atrás, te di a ti y a tu hermano una parte. Tu hermano usó todo lo que era suyo. Tú mantuviste tu parte, y está segura. No la voy a malgastar en él. Eso no sucederá. No te preocupes por tus necesidades. Yo me encargaré de ti y tú no tendrás que preocuparte de nada. ¡Pero tu hermano ha regresado y tenemos que celebrar!"

Pero el hijo mayor no está de acuerdo. Y para dejar en claro su punto exagera el pecado de su hermano. "Este hijo tuyo ha consumido sus bienes con prostitutas". ¿De veras? ¿Cómo sabe? ¿Hay algo en la historia que lo confirme? Jesús dijo en la historia que su hermano desperdició su dinero viviendo alocadamente, pero en el lenguaje original de la historia, esto simplemente significa que tenía una vida extravagante. Pudo haber sido inmoral, pero sencillamente pudo haber vivido de manera muy lujosa, o haber hecho inversiones arriesgadas y tontas. ¿Quién dijo que estaba viviendo con prostitutas?

Así es el pecado cuando somos inseguros y no perdonamos. Cuando no perdonamos, dejamos que los pecados de otros crezcan en nuestra mente para que sean más grandes de lo que son realmente. Exageramos los pecados de otros para que nosotros nos veamos mejor y ellos se vean como merecedores de un mayor castigo. El perdón es difícil porque nos pone al mismo nivel de los demás.

El perdón cuesta porque la ofensa ha causado un dolor muy grande. Las heridas emocionales se alojan en lo profundo del corazón. El perdón no significa que disminuimos lo que sentimos. Dios no quiere que reduzcamos lo que sentimos. Él conoce el dolor. Pero si tú no puedes perdonar porque te duele demasiado, es necesario que hagas algo con respecto a ese dolor. Debes encontrar sanidad para tu alma.

Rehusarse a perdonar es como una lesión en un músculo. El doctor nos dice: "Tienes un desgarro muy serio. Descansa una semana, pero después del descanso debes comenzar a usarlo con cuidado para ir recuperando la fuerza. Te daré algunos ejercicios. Volver a usar el brazo puede ser difícil al principio, pero si no lo usas, tu músculo quedará atrofiado".

Negarse a perdonar es como una herida o lesión que se puede ver inofensiva en la superficie, pero más adentro puede infectarse. El doctor nos dice que lavemos la herida con mucho cuidado y nos advierte que tomemos algún antibiótico para evitar que se infecte.

Tu herida es como una de estas. Si no pones atención, parte de tu alma se atrofiará y se volverá inútil, tal como si uno de tus brazos solamente colgara torpemente a tu lado. O peor aún, la herida interna puede infectarse e infectar tu interior con el veneno de la amargura. Cualquiera de los dos escenarios es malo. Tú necesitas encontrar sanidad para tu alma. El perdón es el tratamiento que trae la salud.

Todos esos años, el padre esperaba a su hijo y guardaba un tesoro de perdón para dárselo en caso que regresara. Pero el hermano acumulaba amargura. No se daba cuenta de que lentamente se había estado envenenando y pasaba de ser un hijo a ser un esclavo.

Él dijo a su padre: "Mira, todos estos años te he servido".

¿Qué habrá pensado el padre cuando escuchó a su hijo decir esto? ¿Habrá quebrantado su corazón? Cuando el hijo menor regresó, quería hacerlo como uno de los empleados, pero el padre no haría eso, ¡porque él quería un hijo! Y ahora, está escuchando que su hijo mayor ha estado "sirviendo como un esclavo". ¿Habrá sido este el mismo pensamiento del padre, cuando en sus primero años trabajaba duro para mantener a su familia y hacer fortuna? ¿Era él solamente un esclavo para sus hijos o era un padre amoroso buscando el bienestar de sus muchachos? El padre quería que su hijo mayor lo amara, como un hijo debiera amar a su padre.

El hijo mayor no entendió la razón de la celebración. Lo único que podía pensar era que al hermano menor se le había consentido. En realidad, la fiesta no se trataba del hijo menor, sino que se trataba del acto misericordioso del padre. El pueblo está celebrando con el padre. Pero el hijo mayor no puede ver el amor porque la amargura lo ha cegado.

Perdonar es difícil porque nos negamos a ser abiertos con Dios. Algunos de nosotros podremos ser muy religiosos, ir a la iglesia, a un estudio bíblico y hacer buenas cosas, pero cuando Dios se acerca nos cerramos. Podemos querer tener una relación con Él, *pero una relación que nosotros podamos controlar*. Queremos que Dios se mantenga a una distancia segura, y queremos que Dios sepa cuan rectos somos. El hijo mayor dijo: "Nunca he desobedecido ninguno de tus mandamientos", pero ¿acaso no estaba insultando públicamente a su padre al negarse a entrar?, y ¿acaso no estaba deshonrando verbalmente a su padre?

En la historia, el hijo mayor se quejó de que su padre nunca le dio ni siquiera un cabrito para gozar con sus amigos. Pero yo me pregunto si alguna vez celebró algo con su padre. Claro, él estaba ahí al comienzo y al final del día, sirviendo y obedeciendo órdenes, pero ¿habrá realmente abierto su corazón a su padre? ¿Tenía realmente una relación con él? Si nos cuesta perdonar, necesitamos revisar nuestra relación con Dios.

Perdonar es difícil porque somos deficientes en nuestra capacidad para amar. El intercambio de palabras entre el padre y el hermano mayor llama mucho la atención. En la historia, el hermano mayor dice *"tu hijo"*, pero el padre responde: *"Tu hermano"*. El padre le recuerda al hijo que *"no es solamente mi hijo, es tu hermano"*. El hermano mayor quería desconocerlo. El padre quería apelar al amor de familia, pero el amor ya se había secado hace mucho tiempo.

Jesús contó otra historia acerca del perdón, que enfatiza el carácter no negociable de perdonar a los demás.

Entonces se le acercó Pedro y le dijo: Señor, ¿cuántas veces perdonaré a mi hermano que peque contra mí? ¿Hasta siete? Jesús le dijo: No te digo hasta siete, sino aun hasta setenta veces siete.

Por lo cual el reino de los cielos es semejante a un rey que quiso hacer cuentas con sus siervos. Y comenzando a hacer cuentas, le fue presentado uno que le debía diez mil talentos[8].

A éste, como no pudo pagar, ordenó su señor venderle, y a su mujer e hijos, y todo lo que tenía, para que se le pagase la deuda. Entonces aquel siervo, postrado, le suplicaba, diciendo: Señor, ten paciencia conmigo, y yo te lo pagaré todo. El señor de aquel siervo, movido a misericordia, le soltó y le perdonó la deuda. Pero saliendo aquel siervo, halló a uno de sus

---

[8] 10,000 talentos equivalían a 10 millones de dólares en plata, pero en esos días se podía comprar, con esa cantidad mucho más de lo que hoy se puede comprar con 10 millones.

consiervos, que le debía cien denarios[9]; y asiendo de él, le ahogaba, diciendo: Págame lo que me debes. Entonces su consiervo, postrándose a sus pies, le rogaba diciendo: Ten paciencia conmigo, y yo te lo pagaré todo. Más él no quiso, sino fue y le echó en la cárcel, hasta que pagase la deuda.

Viendo sus consiervos lo que pasaba, se entristecieron mucho, y fueron y refirieron a su señor todo lo que había pasado. Entonces, llamándole su señor, le dijo: Siervo malvado, toda aquella deuda te perdoné, porque me rogaste. ¿No debías tú también tener misericordia de tu consiervo, como yo tuve misericordia de ti?

Entonces su señor, enojado, le entregó a los verdugos, hasta que pagase todo lo que le debía. Así también mi Padre celestial hará con vosotros si no perdonáis de todo corazón cada uno a su hermano sus ofensas.

Tiempo en la prisión. Esta es la experiencia que muchos tienen innecesariamente. Demasiadas personas están siendo torturadas en una prisión espiritual. Esto es lo que sucede cuando nos negamos a perdonar. Algunos pueden estar en la prisión de la

---

[9] Cien denarios equivalían a aproximadamente 20 dólares en plata.

amargura o en la prisión de la adicción. Algunos pueden estar en la prisión de la enfermedad física, o en la prisión de la depresión. Todas estas son torturas en nuestra vida. El negarse a perdonar invita problemas - Problemas que Dios nunca intento que experimentáramos.

¿Por qué el primer siervo, que debía 10 millones, no perdonó al que le debía sólo 20 dólares? Tal vez no creyó que el señor realmente lo había perdonado. Si él no creyó que su enorme deuda había sido cancelada, tal vez estaba desesperadamente intentado juntar dinero de todos los que le debían. Después, si su señor cambiara de opinión, y decidiera cobrarle, el siervo tendría alguna protección contra él.

Si este era su pensamiento, estaba olvidando algo importante: No había forma en que pudiera pagar su deuda. Él debía 10 millones y estaba cobrando una cuenta de sólo 20 dólares. ¡Necesitaría reunir quinientos mil pagos de 20 dólares para poder pagar su deuda! Si recolectaba dos pagos por día, le tomaría cerca de 700 años, ¡claramente era imposible!

La historia nos enseña varias cosas cruciales acerca del perdón.

Dios realmente nos ofrece su perdón de manera genuina. Dios no cambiará de opinión. Él nos perdona y no tenemos por qué preocuparnos de que vaya a haber algún cambio en Su corazón. Si el primer siervo solamente hubiera creído esto, ¡qué diferencia habría habido en sus relaciones con sus consiervos! Si creemos que Dios nos perdona completamente y cancela el 100% de nuestra deuda, nuestra actitud hacia las demás personas cambiará. Pero, ¿qué creemos realmente? ¿Creemos, por ejemplo, la siguiente declaración hecha por Pablo?

Ustedes estaban muertos a causa de sus pecados y porque aún no les habían quitado la naturaleza pecaminosa. Entonces Dios les dio vida con Cristo al perdonar todos nuestros pecados. Él anuló el acta con los cargos que había contra nosotros y la eliminó clavándola en la cruz. Colosenses 2: 13, 14 (Nueva Traducción Viviente).

¿Vemos el mensaje de Pablo? ¡Dios perdonó *todos nuestros pecados*! El registro de *todo* nuestro mal fue cancelado. Dios lo destruyó clavándolo en la cruz de Cristo. Y cuando Jesús murió y fue sepultado, ese registro de pecado murió y fue enterrado. ¡Se ha ido para siempre! Y Dios no lo volverá a traer ni cambiará de opinión. Él nos ofrece el perdón completo.

Nunca podremos pagar a Dios lo que le debemos, y ni siquiera debemos intentarlo. Algunas personas sirven a Dios con una mentalidad de deudores. "Mejor hago esto, porque Dios podría enojarse si no lo hago". Estamos intentando pagar una deuda con un servicio nacido de la culpa. Pero debemos aceptar que es una deuda que nunca podremos pagar. Tal vez somos orgullosos y pensamos que la podemos pagar, pero Dios dice: "No puedes, ¡se humilde y acepta que nunca podrás corregir todo lo malo que has hecho!"

En la historia del hijo pródigo, el hijo menor quería pagar su deuda, quería ser recibido como un trabajador más. Podría recuperar algo de su imagen ante el pueblo, tal vez ante su familia, y pagar algo de lo que había desperdiciado. Pero el padre nunca lo dejó llegar a eso, ¡lo recibió como un hijo! De la misma forma, Dios no quiere que regreses como un trabajador, sino que te quiere recibir como un hijo.

Nuevamente, Pablo nos ayuda a entender esto. Él se consideraba como el peor de los pecadores. Pero observa lo que el darse cuenta de su enorme deuda lo llevó a hacer.

> *Este mensaje es digno de crédito y merece ser aceptado por todos: que Cristo Jesús vino al mundo a salvar a los pecadores, de los cuales yo soy el primero. Pero precisamente por eso Dios fue misericordioso conmigo, a fin de que*

en mí, el peor de los pecadores, pudiera Cristo Jesús mostrar su infinita bondad. Así vengo a ser ejemplo para los que, creyendo en él, recibirán la vida eterna. Por tanto, al Rey eterno, inmortal, invisible, al único Dios, sea honor y gloria por los siglos de los siglos. Amén. 1 Timoteo 1: 15-17 (NVI).

¿Hacia dónde llevó a Pablo su deuda? A la adoración a Dios por Su misericordia: *Por tanto, al Rey eterno, inmortal, invisible, al único Dios, ¡sea honor y gloria!* Él también supo que la cancelación de su gran deuda, era un ejemplo para los demás creyentes que se acercarían a Dios preguntándose si su pecado podría ser completamente borrado. Pablo nos da la respuesta a esta pregunta. *"Si Dios lo hizo por mí, lo puede hacer por ti"*.

¡No podemos pagar nuestra deuda, pero alguien la pagó por nosotros! ¡Nuestro Padre Celestial cobró la deuda, pero a Jesús, no a nosotros! En el momento en que regresamos a nuestra vieja costumbre de querer pagarle a Dios, estamos, aún sin darnos cuenta, minimizando y devaluando el pago que Jesús hizo para sacarnos de la prisión de los deudores. Las Escrituras dicen, en numerosos lugares, que Cristo ha pagado por nuestro rescate y nos compró para Él[10]. El rescate es el pago necesario para asegurar que alguien sea liberado. Jesús pagó completamente por nuestro rescate y nos tomó de la prisión del deudor de manera que ahora pertenecemos a Él.

En lugar de intentar pagar nuestra deuda, Dios quiere que seamos humildes con Él, que estemos agradecidos con Su Hijo, y que seamos compasivos con los demás. En lugar de decir: *"Dios, lo siento, trataré de hacerlo mejor"*, di algo como: *"Dios, lo siento y sé que nunca podré pagarte, pero te agradezco por Jesús y lo que Él ha hecho por mí, y de la misma manera en que Tú me has dado Tu misericordia, yo tendré misericordia de los demás"*:

Jesús dijo: "Sean compasivos como su Padre es compasivo"[11]. Pablo dijo "soportándoos unos a otros y perdonándoos unos a otros, si alguno tiene queja contra otro; como Cristo os perdonó, así también hacedlo vosotros."[12] El Padre Pródigo le dijo a su hijo mayor: "Tu hermano estaba muerto, pero ha vuelto a la vida. Estaba perdido, pero ha sido hallado".

---

[10] **Rescate** Marcos 10: 45; 1 Timoteo 2:6 **Comprado o Redimido** Hechos 20:28; Romanos 3:24; 1 Corintios 1:30; Efesios 1:7; Colosenses 1:14; 1 Pedro 1:18-19; Apocalipsis 5:9
[11] Lucas 6:36 La Palabra de Dios Para Todos.
[12] Colosenses 3:13 LBLA

Debemos ver las ofensas de los demás contra nosotros teniendo en cuenta nuestras propias ofensas contra Dios. Imagina una balanza con pesas en ambos lados. En un lado están las ofensas que hemos recibido de otras personas. En el otro lado están nuestras ofensas contra Dios. ¿Cuál pesa más? Cuando Dios abre tus ojos como lo hizo con el hijo pródigo, y nos muestra cómo hemos pecado contra el cielo, pondremos el peso donde corresponde, y los pecados que los demás han cometido contra nosotros se verán livianos y fáciles para perdonar. Si el hermano mayor de la historia hubiera hecho lo mismo, si hubiera recordado que él también falló en su deber de reconciliar a su hermano con su papá, y si hubiera sido honesto y hubiera admitido que acababa de insultar a su padre públicamente, habría sido más compasivo y se habría unido a la fiesta.

Debemos considerar nuestra responsabilidad de perdonar a los demás bajo la luz del perdón que Dios nos ha dado. Mira nuevamente la balanza. En un lado pon el dolor que nosotros le hemos causado a Dios. En el otro lado, pon el dolor que otros nos han causado. ¿Cuál pesa más? Cuando veamos el peso del dolor que le hemos causado a Cristo en su sufrimiento y muerte, encontraremos una energía renovada para movernos más allá de nuestro dolor y dar perdón y misericordia a los demás. El hermano mayor ardía en la amargura que tenía contra su hermano menor en los años que estuvo lejos. Cuando éste regresó, la amargura explotó. Su propio dolor se sentía más pesado que el dolor que le estaba causando a su padre.

Si no somos misericordiosos con los demás, nos encerramos en una prisión mientras nos neguemos a perdonar. Un amigo me contó la historia de un hombre que estaba enamorado de su césped. Pasaba horas cuidándolo y detestaba que alguien lo pisara. Desafortunadamente, algunos muchachos de su vecindad no valoraban su césped tanto como él. A pesar de que él los advirtió en varias ocasiones, ellos seguían pasando por su hermoso jardín. Un día, uno de los adolescentes salió y caminó por el césped, ignorando o tal vez olvidando las advertencias que el dueño había hecho, por lo que éste salió de su casa ¡y lo mató de un disparo! ¡Todo por un césped! ¿Acaso esos muchachos habían cometido un error al ser tan irresponsables? Por supuesto, pero hoy, el dueño del hermoso césped, por no haber perdonado, está sentado en la prisión con la mirada fijada en un piso de concreto.

El perdón puede ser uno de los regalos más difíciles de

dar, pero es un regalo que debemos dar. La alternativa es mucho más dolorosa. La vida en prisión es una vista lamentable.

En la historia del Hijo Pródigo y el Padre Pródigo, Jesús deja a su audiencia pendiendo de un hilo. Después de que el Padre le ruega a su hijo mayor, buscando reconciliarse con él, no se nos dice que fue lo que hizo el hijo mayor.

No es difícil imaginar a Jesús contando la historia, y ver a los publicanos, a los pecadores y a la gente que tenía su justicia propia, sin aliento, esperando el desenlace de la historia. Pero el desenlace nunca llega. Jesús se queda en silencio mirando las almas de los que están escuchando. El desenlace es para los religiosos que estaban furiosos porque Jesús se juntaba con los publicanos y pecadores. Los religiosos eran el hermano mayor, ¿y ahora qué harían? ¿Escucharían el llamado de Jesús para unirse a la celebración que Él está disfrutando con los pródigos de Su tiempo? ¿O se quedarían afuera de la casa, negándose a entrar?

¿Qué harás tú? ¿Perdonarás a los demás sus ofensas contra ti? ¿Te unirás a la fiesta del perdón de Dios, o te quedarás afuera del salón de fiestas?

Esto es lo que debes hacer hoy:

Escribe lo siguiente en un pedazo de papel: "_____ ha pecado contra mí."

No necesitas hacer una lista de todos los pecados, pero sí identifica a la persona. Después, rompe el papel o quémalo. Mientras lo destruyes, ora de la siguiente manera:

"Padre, me has perdonado tanto. Ahora yo escojo perdonar a _____ por todo lo que me ha hecho. Si tengo alguna enfermedad que ha sido causada por esto, te pido que me sanes en el nombre de Jesús. Si estoy en "prisión" en cualquier forma, por no haber perdonado, te pido que me liberes de esa cárcel. Quiero vivir en la libertad que Tú ofreces".

¿Hiciste esta oración? ¡Que Dios te bendiga por haberlo obedecido y por haber perdonando a otros, tal como Él te ha perdonado a ti! A continuación hay tres pasos que te ayudarán a dar el regalo del perdón a los demás:

Primero, ora regularmente por la persona a la que estás perdonando. Lo (o la) puedes haber perdonado, pero aún esa persona puede tener malos hábitos. Ora para que Dios le ayude a estar bien con Él.

Segundo, pide a Dios que te llene de amor para esa persona, incluso si no se ha apartado de sus hábitos malos y destructivos. Cuando esa persona se vuelva a Dios, tú estarás listo para aceptarlo como el padre pródigo acepto a su hijo.

Tercero, si sientes la tentación de actuar motivado por los recuerdos de quienes te han ofendido, recuérdate a ti mismo que: "ya he renunciado a eso, quemé esas ofensas, las arrojé lejos y ya no tengo nada contra aquella persona. He entregado esto a Dios y no voy a pensar en ello, o traerlo de regreso".

Si no puedes tomar estos pasos, necesitas buscar el perdón por el pecado de la amargura y buscar la sanidad para el dolor en tu vida. Así te pondrás saludable y podrás ofrecer el perdón a aquellos que lo necesiten.

El perdón puede ser el regalo más difícil de dar, pero es un regalo que debemos extender a otros.

Piensa Acerca de Esto y Discútelo

1. ¿Por qué crees que era tan difícil para el hermano mayor celebrar con su familia?

_____

_____

_____

2. ¿Qué indica la amargura del hermano mayor sobre su condición espiritual? ¿Crees que él era menos necesitado, tan necesitado, o más necesitado que su hermano menor?

_____

_____

_____

3. Cuando Jesús contó la historia, Él no la terminó. Él nunca dijo lo que hizo el hermano mayor. ¿Por qué crees que Él dejó Su historia inconclusa?

_____

_____

_____

4. Este capítulo enumera cuatro razones por las cuales es difícil que las personas perdonen a los demás. ¿Alguna de éstas describe problemas que hayas tenido en perdonar a los demás?

_____

_____

_____

5. La historia del rey que perdonó a su sirviente y el sirviente que se negó a perdonar a su consiervo tuvo siete lecciones acerca del perdón. ¿Cuál te impresiona más?

_____

_____

_____

6. Lee estos versículos y discute su relación con la historia.

Cuídense de que nadie deje de alcanzar la gracia de Dios; de que ninguna raíz de amargura, brotando, cause dificultades y por ella muchos sean contaminados. — Hebreos 12:15

---

31 Sea quitada de ustedes toda amargura, enojo, ira, gritos, insultos, así como toda malicia.32 Sean más bien amables unos con otros, misericordiosos, perdonándose unos a otros, así como también Dios los perdonó en Cristo. — Efesios 4:31-5:2

Jonathan Williams

3 EL PERDÓN EN TODAS SUS DIMENSIONES

Podríamos volver a escribir la historia del hijo pródigo si quisiéramos. De hecho, todos nosotros la escribimos de nuevo de alguna manera cuando nos rehusamos a recibir el amor del Padre. ¿Qué habría pasado si el hijo pródigo, después de regresar y ver el generoso amor de su padre, se hubiera retirado? Qué pasaría si hubiera dicho: "No Papá. Gracias por ofrecerme la ropa y el anillo, las sandalias y la fiesta, pero mi pecado es tan grande que no los puedo aceptar. Lo que he hecho es demasiado horrible para recibir tales regalos. Insisto en que me contrates como uno de tus trabajadores".

"Pero hijo", responde el padre, "te he perdonado, te amo, no quiero que seas un trabajador asalariado. Te quiero en mi casa como mi hijo".

"Gracias papá, pero no puedo hacerlo. Me siento tan mal y pienso que me tomará mucho tiempo para recuperarme. Por favor, he desperdiciado mucho de tus bienes. Guarda tus cosas. Lo siento, pero necesito retirarme, me siento terrible. Necesito irme y considerar todo lo mal que he hecho".

Qué habría sucedido si el hermano mayor, después de escuchar la exhortación de su padre de reconciliarse hubiera dicho: "Padre, tienes razón, he sido un tonto. He odiado a mi hermano menor. Quería que él se fuera. Debí haber intentado que ustedes se reconciliaran desde el principio, pero, de manera intencional, no quise hacerlo. Ahora te he humillado públicamente en frente de tus invitados. Lo siento, no soy digno de entrar".

"Pero hijo", responde el padre, "te perdono también. Te amo, no quiero que te consideres mi esclavo. Quiero que estés en mi casa como mi hijo".

"Gracias papá, pero no puedo hacer eso. Me siento tan mal. Todos estos años he estado actuando como un esclavo. He guardado resentimiento contra mi hermano menor. Ahora todo este enojo ha llenado mi corazón. No merezco tu amor. Tú regresa a la fiesta, yo no puedo".

La historia se vuelve algo lamentable. Finales distorsionados de la narración. Sin embargo, todos nosotros creamos tales finales cada día cuando nos continuamos castigando después de que Dios nos ha perdonado. Algunos de nosotros somos como el hijo que estaba lejos en otro país. Algunos de nosotros somos como el hijo que estaba cerca, pero su corazón estaba lejos de su padre. Sea cual sea nuestro caso, debemos recibir el amor del padre, olvidar el pasado, y movernos hacia un futuro de aceptación y gozo.

La historia del hijo pródigo es una historia sobre Dios en busca de cada uno de nosotros. Como las historias de Jesús acerca del pastor que buscaba la oveja perdida, y de la mujer que buscaba la moneda perdida, la historia de los dos hijos es en realidad acerca de Dios en búsqueda de sus hijos. Algunos están lejos y otros están cerca, pero ambos están fuera de casa. La pregunta que debemos contestar es: "¿Recibiremos el amor del Padre y entraremos a su casa, o continuaremos castigándonos, ofreciendo nuestros servicios como trabajadores asalariados, y continuaremos en la esclavitud?"

Para que el perdón tenga su efecto completo, debemos experimentarlo en tres dimensiones. La primera dimensión del perdón es *hacia arriba*. Este es el perdón de Dios, representado en las acciones del padre, cuya compasión pródiga era más grande que el pecado pródigo de su hijo. Debemos abrir nuestro corazón a recibir tal perdón.

La segunda dimensión del perdón es *hacia afuera*. Esto es perdonar a otros, representado en los ruegos del padre a su hijo mayor para que perdonara a su hermano menor. Necesitamos extender el perdón a aquellos que nos han herido, y necesitamos pedir perdón a quienes hemos lastimado. Santiago, el hermano de Jesús, enseñaría esto más adelante:

> *Confesaos vuestras ofensas unos a otros, y orad unos por otros, para que seáis sanados. La oración eficaz del justo puede mucho. Santiago 5:16*

Cuando confesamos nuestros pecados y oramos unos por otros, encontramos sanidad emocional, mental y física. Cuando somos honestos y humildes unos con otros, y cuando oramos los unos por los otros, cosas poderosas suceden. Dios trabaja de manera asombrosa.

Hay una tercera dimensión del perdón. El perdón hacia nuestro interior. Esto es cuando nos liberamos de nuestro pecado, en lugar de mantenernos como rehenes.

Algunas personas lo llaman el perdón a sí mismo. Esto parece ser un concepto extraño. ¿No es acaso Dios el único que puede perdonar nuestros pecados? Sí, lo es, pero hay un aspecto del perdón que solemos olvidar: Es la liberación interna que experimentamos cuando nos negamos a retener algo contra nosotros mismos.

Somos criaturas interesantes. Creemos que Dios nos perdona. Incluso, recibimos el perdón de otros por las cosas tontas que les hemos hecho. Pero aun así, en ocasiones, en lo profundo de nuestro ser, continuamos manteniéndonos cautivos emocionalmente por algo malo que hemos hecho. Somos como el siervo en la historia que Jesús contó en Mateo 18. El rey le perdonó una deuda enorme. El siervo lo recibió agradecido, pero salió e intentó cobrar a otros siervos pequeñas ofensas que le habían hecho. Somos como el siervo, pero en lugar de cobrarle a los demás, tratamos de cobrarnos a nosotros mismos. Nos seguimos culpando por nuestros errores mucho después de que Jesús, el Juez, ya los ha borrado por completo.

He encontrado esto en numerosas ocasiones. Las personas creen que Dios las ha perdonado, y saben que otros las han perdonado, pero por alguna razón, no pueden perdonarse a sí mismos. Se aferran a sentimientos de culpa o continúan castigándose por los errores que han cometido. Tal vez piensan que si no lo hacen, Dios les restaurará el castigo que merecen. Tal vez todo tenga que ver con el creer en que Dios realmente asegura que no hará un juicio en su contra. Es difícil decir que es lo que sucede en el corazón de las personas. Pero una cosa es segura: Algunas veces les resulta difícil *experimentar el perdón en lo más profundo del alma*. Han experimentado el perdón hacia arriba y hacia afuera, pero la tercera dimensión, perdonarse a sí mismo, aún falta.

Una de las palabras que los escritores del primer siglo usaban para expresar el perdón es la palabra griega *luo,* que significa *liberar* o *soltar.* Lucas, en el capítulo 13, la usa cuando Jesús reprocha a los oficiales de la sinagoga quienes *desataban* a sus animales en el sábado y los llevaban a beber agua. Sin embargo, estos se enojaban con Jesús por *liberar* a las personas de sus aflicciones en el sábado. Es la palabra que usa cuando dice que Jesús *soltó la lengua* de un hombre que tenía un impedimento en el habla. Juan, en el capítulo 11, la usa después de que Jesús resucita a Lázaro de entre los muertos. Él les dice a algunos que estaban mirando que *desaten* a Lázaro de sus ropas mortuorias. Y Apocalipsis lo usa cuando dice que Jesús nos ha *librado* de nuestros pecados mediante su sangre.

El perdón es desatarse, es soltarse del pecado para que

podamos experimentar una liberación interna. Dios desea que aprendamos como aplicar el perdón a nuestros corazones. Nuestro perdón no es solo para que podamos vivir eternamente con Él, sino también para que logremos deshacernos del sentido torcido del auto-castigo y de la auto-aflicción que tan fácilmente traemos sobre nosotros. Si Dios no nos juzga, si otros no nos juzgan, ¿por qué nos presentamos como nuestro propio juez? ¿Por qué intentar pagar nuestra deuda después de que el Rey ya la ha pagado por nosotros? No tiene sentido, pero a pesar de esto, lo hacemos.

El hecho de no seguir en el camino de la libertad que Jesús nos entrega, revela la necesidad de experimentar el perdón en la tercera dimensión, *hacia adentro*. Para experimentar esta liberación, debemos aprender las siguientes verdades.

Debemos pensar de nosotros mismos de la misma forma en que Dios piensa de nosotros. En la historia que Jesús cuenta, el hijo vuelve en sí y cuidadosamente prepara una confesión para su padre. Él sabía que su única esperanza de sobrevivir era que su padre lo recibiera de nuevo. Y es por esto que él ordena las palabras de su confesión de la siguiente manera:

"Padre, he pecado contra el cielo y contra ti. Ya

no soy digno de ser llamado tu hijo; hazme como a uno de tus jornaleros".

Cuando el padre perdonó al hijo, pudo haber dicho: "Tienes razón. No eres digno. No mereces nada. ¿Tienes idea de la manera en que me has lastimado? ¿Sabes lo que has hecho pasar a tu familia? ¿Y dónde está la fortuna que te di? Está bien, regresa. Creo que ya sabes la rutina. Recibirás tus órdenes del mayordomo".

¡Eso es una forma de perdón, y es lo que el hijo esperaba! "Hazme como a uno de tus jornaleros", le iba a decir a su padre. Creo que somos como él cuando esto es todo lo que esperamos de Dios.

Pero en la primera parte de este libro, descubrimos que cuando el hijo comenzó su confesión, el padre lo interrumpió. Y cuando el padre interrumpió al hijo, no le habló directamente. Si no que les habló a sus sirvientes, ordenándoles que hicieran cosas maravillosas para su hijo que acababa de regresar. El padre dijo: *"Este hijo mío estaba muerto, pero ha revivido".*

¿Qué habrá pasado en el corazón del hijo pródigo cuando escuchó a su padre decir *"este hijo mío"*? Él no necesitaba escuchar a su padre decir: "Te perdono". ¡Él sólo necesito escuchar a su padre hablar de él y ver las acciones del padre pródigo! Con esto, él supo que había sido perdonado y restaurado.

Cuando regresamos a Dios a través de Cristo Jesús, ¡Dios dice algo asombroso acerca de nosotros! ¡Nos llama sus hijos y nos llama su tesoro especial! ¿Sabías que esta es la manera en que Dios habla acerca de ti? Si Dios habla de esta manera acerca de ti y de mí, entonces, ¿por qué pensamos acerca de nosotros mismos como si fuésemos el último de los esclavos, o como si fuésemos trabajadores esforzándonos por una deuda que es imposible de pagar?

Para poder experimentar el perdón internamente, necesitamos darnos cuenta de que cuando venimos a Cristo, Dios perdona *y restaura.*

El perdón nos da borrón y cuenta nueva, como un pizarrón limpio. Pero un pizarrón limpio es sólo un pizarrón en blanco, y Dios tiene mucho más para nosotros que un pizarrón vacío. El llena el pizarrón con cosas buenas que nos son dadas de manera gratuita a través de Cristo. Este es el tesoro de la doctrina de la justificación que va un paso más allá del perdón. La justificación nos declara justos. La justificación hace posible nuestra reinstauración como hijos de Dios con la totalidad de nuestros derechos familiares. Un pasaje de las Escrituras que ilustra esto está en 1 Corintios

6:9-10.

> *¿No sabéis que los injustos no heredarán el reino de Dios? No erréis; ni los fornicarios, ni los idólatras, ni los adúlteros, ni los afeminados, ni los que se echan con varones, ni los ladrones, ni los avaros, ni los borrachos, ni los maldicientes, ni los estafadores, heredarán el reino de Dios.*

¡Asombroso! ¡Qué lista de pecados tan terrible! Sin duda describe a pródigos en esos días y en estos. ¿Qué tiene que ver este pasaje con experimentar el perdón internamente? Miremos el siguiente versículo.

> *Y esto erais algunos; mas ya habéis sido lavados, ya habéis sido santificados, ya habéis sido justificados en el nombre del Señor Jesús, y por el Espíritu de nuestro Dios.*

¿Sabes cuál es la palabra más importante en este versículo? Es la palabra "erais". Esto es lo que algunos de ustedes *eran* pero no es lo que *son* ahora porque Dios lo ha borrado todo y te ha declarado algo más.

Cuando vienes a Dios, Él no se cruza de brazos y dice: "Esta bien, te perdono, pero como has sido tan malo, tienes que dormir en el granero". No, Dios dice: "Te perdono y te restauro como un miembro de mi familia y un ciudadano de Mi Reino con todos sus derechos".

Así es como debemos de pensar de nosotros. Cuando nos vemos a través de los ojos de Dios, podemos movernos de la decepción de lo que hemos sido y hecho - Lo que *éramos* en la vida- hacia una vida nueva como hijos de Dios con una herencia que nos espera - Lo que *somos* en la vida. Dios perdona y restaura lo que hemos perdido.

Para poder experimentar el perdón en la tercera dimensión debemos creer que cuando Dios dice, "Yo haré que todas las cosas ayuden a tu bien", Él realmente lo dice en serio.

"Todas las cosas ayudan a bien" es una frase familiar de un importante verso de la Biblia – Romanos 8:28- "Y sabemos que a los que aman a Dios, todas las cosas les ayudan a bien, esto es, a los que conforme a su propósito son llamados". Nota que el versículo no dice que todo lo que nos pasa es bueno. No necesitamos un versículo de la Biblia que nos diga eso. Todos nosotros hemos tenido bastantes cosas malas y feas junto con cosas buenas en nuestra vida. Algunas de esas cosas malas y feas nos las hemos buscado nosotros mismos, y podemos pensar: "¡Nunca me perdonaré por eso!" Pero miremos nuevamente a lo que el versículo dice. Nos dice que sea lo que sea que hayamos vivido, aun las heridas que nosotros mismos nos hemos producido, Dios las puede tomar y hacer que ayuden para nuestro bien, sin importar cuán feas y malas sean.

Es como darle a Dios los ingredientes para hornear un pastel. Pero al hacer una inspección más cuidadosa, nos damos cuenta que no todos los ingredientes son frescos. Los huevos están viejos y echados a perder, y la harina está mohosa. Nos sentimos avergonzados. Nos sentimos culpables. Pero aun así, Dios dice: "Dámelo todo a Mí - Lo malo y lo feo junto con las cosas buenas". Y cuando lo hacemos, aprendemos que Él puede, de alguna manera, mezclar esos ingredientes y hacer un delicioso postre. Él puede hacer algo hermoso de nuestras vidas si nosotros Lo amamos y vivimos de acuerdo a Su propósito.

Romanos 8:28 es un versículo especial y poderoso. Es como una muralla de protección, como una defensa en la carretera que nos protege de caernos a un precipicio. Nos guardará de la desesperación, nos da esperanza, y nos mueve en la dirección correcta. Claramente recuerdo el día en que Dios "abrió las cortinas" de mi mente y la inundó con luz. Me estaba atormentando por mis errores del pasado y mis malas decisiones. Sabía que Dios y las demás personas me habían perdonado. Sabía que viviría con El por la eternidad. Sin embargo, el remordimiento seguía llenando mi alma. Un día, fuese como si Dios me dijera: "Deja de pensar de esa manera. No sabes qué habría sucedido si hubieras tomado otras decisiones. Deja ir el pasado y confía en que Yo arreglaré todas las cosas en tu vida. Deja de mantenerte cautivo. Libérate porque Yo te llevaré a esa meta que crees haber perdido. Yo haré que todas las cosas sean para bien en tu vida. Yo soy el Dios de Romanos 8:28".

Dios me libró de mi pasado, y comencé a disfrutar el perdón en la dimensión interna por mis malas decisiones y pecados, tal como Dios, y las demás personas, ya me habían perdonado. Me moví hacia la luz del nuevo día de Dios a medida que confié en que Él era sabio y suficientemente poderoso para tomar el desastre de mi vida y traer orden y belleza a ella, tan solo si yo confiaba y cooperaba con Él.

Hay otro Romanos 8:28 en la Biblia, lo descubrimos en el profeta Joel.

Tierra, no temas; alégrate y gózate, porque Jehová hará grandes cosas. Animales del campo, no temáis; porque los pastos del desierto reverdecerán, porque los árboles llevarán su fruto, la higuera y la vid darán sus frutos.

Vosotros también, hijos de Sion, alegraos y gozaos en Jehová vuestro Dios; porque os ha dado la primera lluvia a su tiempo, y hará descender sobre vosotros lluvia temprana y tardía como al principio. Las eras se llenarán de trigo, y los lagares rebosarán de vino y aceite.

Y os restituiré los años que comió la oruga, el saltón, el revoltón y la langosta, mi gran ejército que envié contra vosotros. Comeréis hasta saciaros, y alabaréis el nombre de Jehová vuestro Dios, el cual hizo maravillas con vosotros; y nunca jamás será mi pueblo avergonzado.

Joel estaba hablando a una comunidad dedicada a la agricultura, que estaba familiarizada con los problemas que presentaban los cultivos, uno de ellos, eran las pestes. En el tiempo de Joel, una plaga de langostas había devastado al pueblo, y Dios envió a Joel a decirles que su rebeldía en contra de Dios había sido la causa de la plaga.

Pero Dios envió a Joel con un segundo mensaje. Lo envió con una palabra de promesa que si ellos se volvían a Él, Él restauraría sus bienes. El último párrafo contiene la frase clave. Lo llamo el "Romanos 8:28 del Antiguo Testamento": "Les restituiré los años que comió la langosta".

¿Sientes como que tu vida ha sido "comida por langostas"? Sabes que Dios te ha perdonado, pero al mirar la devastación ¿tu cabeza se llena de vergüenza y en lugar de correr de gozo y libertad, te tropiezas en tu propia esclavitud? Dios dice: "¡Yo te restituiré, te restauraré, estarás completo!".

¿Qué? ¿Tú me restituirás? ¿Tú restaurarás lo que yo he perdido? La razón por la que vinieron las langostas a mi vida es por los errores estúpidos que yo cometí ¿y Tú dices que me restaurarás todo lo que he perdido tan sólo porque me amas? Y Dios dice: "¡Sí!, ¡tendrás abundancia para comer hasta que estés satisfecho y tú alabarás Mi nombre porque Yo habré hecho maravillas para ti!"

¿Cómo puede Dios hacer tales maravillas? Es porque Él es el Dios de la gracia pródiga. ¿Recuerdas lo que es la gracia? La gracia es cuando Dios hace por las personas lo que ellas nunca podrán hacer por ellas mismas. La gracia es cuando Dios hace por las personas lo que ellas nunca merecerán que sea hecho por ellas. La gracia nos permite vestirnos con el mejor vestido.

Debemos pensar de nosotros mismos de la misma forma en que Dios piensa de nosotros. Debemos darnos cuenta de que cuando venimos a Cristo, Dios nos perdona y nos restaura. Debemos creer que cuando Dios dice: "Yo haré que todas las cosas te ayuden para bien", Él realmente está hablando en serio. ¡Entonces seremos libres!

Dios quiere que contestemos dos simples preguntas:

"¿Creerás que estás plenamente perdonado, restaurado, y que eres un tesoro ante Mis ojos?"

"¿Terminaras con tu cautividad auto-impuesta, extenderás tu mano para tomar la Mía y caminaras conmigo en una jornada nueva de libertad?"

Dios quiere que nos liberemos tal como Su sangre nos ha librado de nuestros pecados. Él quiere que pensemos de nosotros de la misma manera en que Él piensa de nosotros. Él quiere que nosotros confiemos en que Él hace que todas las cosas ayuden a bien en nuestras vidas.

¿Estás listo para tomar este paso? ¿Estás listo para terminar con esa cautividad auto-impuesta y vivir en toda la libertad que Jesús provee? Si estás listo, ora esto al Padre en este mismo momento:

"Padre Celestial, he visto cuánto me amas. Sé que me perdonas. Sé que me has hecho Tu hijo y que soy un tesoro precioso ante Tus ojos, y que piensas muy bien de mí. Yo escojo pensar de mí de la misma manera en que Tú piensas de mí. Sé que no solo me has perdonado, sino que también me has justificado y me restaurarás todas las cosas. Escojo caminar contigo y convertirme en todo lo que Tú quieres que sea porque creo que Tú eres el Dios que restaura lo

que la langosta se ha comido. Tú eres el Dios
que hace que todas las cosas ayuden a mi bien.
Te agradezco en el nombre de Jesús, amén".

El Hijo Pródigo y Su Padre Pródigo, es una historia *acerca* de todos nosotros, ya sea que seamos el hijo menor que viajó a un país lejano y lo perdió todo, o que seamos el hijo mayor que se quedo en casa y que se encerró en la esclavitud de la amargura.

El Hijo Pródigo y Su Padre Pródigo, es una historia *para* todos nosotros porque es acerca de un gran Dios cuyo amor superara nuestro pecado si recibimos Su amor pródigo.

Piensa Acerca de Esto y Discútelo

1. A veces seguimos manteniendo cosas en contra de nosotros mismos aunque Dios y los demás nos han perdonado. ¿Por qué a algunas personas se les dificulta deshacerse del juicio autoimpuesto?

   _____

   _____

   _____

2. En este capítulo, el autor dice que "El perdón nos da borrón y cuenta nueva, como un pizarrón limpio. Pero un pizarrón en limpio es sólo un pizarrón en blanco, y Dios tiene mucho más para nosotros que un pizarrón vacío." ¿Qué crees que signifique esto y cuál es su importancia para tu vida?

_____

_____

_____

3. El pasaje de Joel habla de Dios restaurando los años que comió la langosta, es decir, la inversión de las pérdidas devastadoras que Su gente ha experimentado. ¿De qué manera has experimentado pérdida en tu vida? ¿Crees que Dios puede restaurar tus pérdidas y renovar tu vida?

_____

_____

_____

4. Dios les hace estas preguntas importantes a cada persona.

"¿Creerás que eres verdaderamente perdonado, restaurado y precioso ante Mis ojos?"

"¿Por fin terminaras tu cautividad autoimpuesta, extenderás tu mano para tomar la Mía, y caminaras Conmigo en una nueva jornada de libertad?"

¿Cómo las respondes?

_____

_____

_____

Jonathan Williams

Las Historias Que Contó Jesús

Jesús fue un gran narrador de historias. *El Hijo Pródigo y Su Padre Pródigo* fue una de Sus grandes, junto con la de *El Buen Samaritano* y *El Buen Pastor*. Estas son las más conocidas y amadas. Jesús contó muchas otras historias que puedes encontrar en los evangelios de Mateo, Marcos, Lucas y Juan.

La narración de cuentos captura la imaginación y los corazones. Sin duda es por esto que Jesús se dedicaba a narrarlas. Sin embargo, Él diseñó Sus historias para llamar la atención a una Historia Más Grande: La Historia que Él vivió. Y en esta Historia Más Grande, Él y Su audiencia eran participantes. ¡Al igual que tú! ¡Y al igual que yo! ¿Pero qué Historia Más Grande es esa en la cual nosotros tenemos un papel? Al igual que una buena obra, consiste de varios actos.

Primer Acto: *La Creación*
Segundo Acto: *La Catástrofe*
Tercer Acto: *Los Pactos*
Cuarto Acto: *Cristo*
Quinto Acto: *La Comisión*
Sexto Acto: *La Consumación*

El Primer Acto: *La Creación* nos cuenta acerca del Creador. Él es el Dios Todopoderoso. Él es Uno. No existe otro Dios. Él hace todas las cosas, incluyendo la humanidad, para expresar Su majestad y belleza. La humanidad es la corona de Su creación. Dios hizo al hombre y a la mujer a Su imagen para reflejar Su carácter. Ellos están hechos para ser creativos en su cumplimiento del asombroso destino que Él les ha dado: Administrar y gobernar la tierra para Su gloria y para el bien de toda la humanidad. [13]

El Segundo Acto: *El Catástrofe* introduce la tristeza en la Historia. Algo sale terriblemente mal en el paraíso. El hombre y la mujer se alejan de su Creador. En un acto impensable, se rebelan contra Dios y buscan establecer su propia autoridad. Ellos introducen el pecado en el mundo, y sus consecuencias: El sufrimiento, el dolor y la muerte los siguen muy cerca. A medida que tienen hijos y sus hijos se multiplican sobre la tierra, las consecuencias de la rebelión no se pueden quitar y se extienden a toda la humanidad. [14]

El Tercer Acto: *El Pacto* introduce una nueva figura en el drama. Su nombre es Abraham. El Creador hace un pacto con él y le promete bendiciones, cuyo punto culminante es la bendición más grande de todas: Que a través de sus descendientes vendrá Uno que va a rescatar a la humanidad de su rebelión y de la muerte.

---

[13] Lee sobre esto en Génesis 1 – 2
[14] Lee sobre esto en Génesis 3 – 11

Los descendientes de Abraham se convierten en la nación de Israel. Israel es la luz en un mundo en tinieblas. Existe para dirigir a las naciones a El Dios verdadero - El Creador del universo. Los profetas de Israel hablan de Uno que vendrá y que restaurará a la humanidad. El traerá salvación hasta los confines de la tierra.[15]

El Cuarto Acto: *Cristo* es el punto clave en la historia. Él que fue prometido viene, Su nombre es Jesús. Él lleva la historia a un nivel nuevo y dramático. Vive entre Su gente con humildad y gracia. Sana a los enfermos, da vista a los ciegos, y resucita a los muertos. Libera a los oprimidos, perdona a los pródigos de sus pecados y cuenta historias acerca del gran amor de Dios. No todos están contentos con Su misión. Las autoridades políticas se sienten amenazadas. Las autoridades religiosas desconfían y finalmente no pueden tolerar Su misión, ya que no coincide con las ideas de lo que El Libertador hará. Conspiran para arrestarlo y juzgarlo, y Lo crucifican por supuestos crímenes de blasfemia y revolución. Pero tres días después, Él resucita de los muertos, reúne a Sus seguidores y los prepara para el quinto acto.

---

[15] Lee sobre el pacto con Abraham en Génesis 12 y 15. La historia completa la encontrarás en Génesis 12 – 25. Lee sobre el pacto con Israel en Éxodo 19 – 20. La historia de Israel la puedes leer en el Antiguo Testamento, desde Éxodo hasta Malaquías.

El Quinto Acto: *La Comisión* es donde Jesús ordena a Sus seguidores que vayan al mundo y le digan a todos las buenas noticias. La promesa que Dios le hizo a Abraham, de que bendeciría al mundo entero, ahora se cumpliría porque Aquél que había sido prometido ha venido. Vivió entre nosotros, murió por nuestros pecados, resucitó de entre los muertos y está en el trono, como Él Señor de todo. Él da Su Espíritu para empoderar a Su gente para que puedan difundir las gozosas noticias de que Dios perdonará todos nuestros pecados. Dios y la humanidad se podrán reconciliar. El destino original que dio a la humanidad de mostrar Su imagen y de gobernar el mundo para Su gloria, ahora puede ser restaurado. [16]

Estas buenas noticias han llegado hasta ti. ¿Qué harás con ellas? Si eres un pródigo lejos de casa, debes regresar. Cuando lo hagas, encontrarás a Dios corriendo hacia ti con compasión. Si tú no te consideras un pecador pródigo, recuerda al hermano mayor, que cumplió su deber por años, pero cuyo corazón no estaba bien con su padre. Trabajó con afán, pero ¿llego a conocer y a amar a su padre? Dios viene a ti también ofreciéndote amor. ¿Cómo Le responderás? El verso más famoso de la Biblia, Juan 3:16 dice:

---

[16] Lee acerca de Jesús en los Evangelios en el Nuevo Testamento: Mateo, Marcos, Lucas y Juan.

Porque de tal manera amó Dios al mundo, que ha dado a Su Hijo Unigénito, para que todo aquel que en Él cree, no se pierda, mas tenga vida eterna.

En el Sexto Acto: *La Consumación* Jesús regresará y juzgará al mundo. Cada persona dará cuenta de su propia vida. Toda rodilla se doblará y confesará que Jesús es El Señor de todo y El Único Salvador del mundo. Aquellos que lo reciben, entrarán en la vida eterna. Los que no, estarán separados de su amor. [17]

Dios quiere que recibas Su amor y que seas parte de una Historia Más Grande. También quiere que lleves las buenas noticias a otros. ¿A quién conoces que necesite escuchar Su Historia? Por qué no pasas este libro a tus amigos. Ora por ellos y ayúdalos a encontrar el amor pródigo de Dios y ayúdalos a tomar su lugar en esta Gran Historia.

Sí, Jesús era un gran narrador. Contó historias que capturaron la imaginación de Sus oyentes. Pero Él contó historias para que los que Lo escucharan pudieran asumir un papel importante en el desarrollo del gran drama de la Historia. ¿Estás listo para tomar tu parte en la Gran Historia?

Nos gustaría saber de ti y alentarte. Si has recibido a

---

[17] Puedes leer una visión rápida del fin en 1 Corintios 15:20-28 y Apocalipsis 20 – 22.

Cristo como tu Salvador, o si has tomado un paso importante para perdonar a otros o para liberarte de un encierro autoimpuesto, ¿nos escribes para contarnos tu historia?

Nos puedes escribir a la siguiente dirección:

Word of God, Speak
PO Box 90047
San Antonio, TX 78209

También nos puedes encontrar en el internet en www.WGSministries.org. ¡Esperamos oír de ti!

Conocimientos Históricos, Culturales, y Textuales

Un gran número de académicos ha señalado la gran riqueza histórica detrás del relato del Hijo Pródigo. Aunque podemos comprender el significado básico de esta historia sin sus antecedentes históricos, un conocimiento sobre la cultura en la que vivieron Jesús y sus oyentes, la hace cobrar vida. Muchos hombres han estudiado y han escrito sobre estas ricas perspectivas. Las obras que se destacan en esta área son las del Dr. Kenneth Bailey. Les recomiendo *Poet and Peasant/Through Peasant's Eyes (El Poeta y El Campesino/A Través de los Ojos de los Campesinos)*, y *Jesus Through Middle Eastern Eyes*, (*Jesús a Través de los Ojos del Medio Oriente),* para estudios adicionales.

A través de que he aprendido sobre el contexto de esta historia, mi corazón se ha conmovido profundamente por el amor de Dios para con su gente. Aquí comparto algunas perspicacias de mis lecturas para su beneficio. La mayoría de las siguientes ideas las he incluido en el libro, pero no las anoté para no distraer del relato. Es probable que usted las reconozca cuando las lea aquí. Los números de las páginas son de *Poet and Peasant (El Poeta y El Campesino)* escrito por el Dr. Kenneth Bailey.

La Escena de Apertura

1. El que el hijo pidiera la herencia era un insulto inconcebible. En el mejor de los casos demostraba increíble avaricia e insensibilidad. En el peor de los casos, demostraba que deseaba la muerte de su padre. 161-162

2. Si un padre dividía sus bienes mientras estaba vivo, era para evitar conflictos, pero él tomaría la iniciativa. Nunca lo haría bajo presión. Sin embargo, no hay ningún caso registrado en toda la literatura del Medio Oriente donde un padre hace esto por petición de un hijo. 164

3. Si un padre dividía sus bienes mientras vivía, esperaba recibir beneficios de ese patrimonio. Aunque los bienes llegaran a ser propiedad legal de sus hijos, estos no estarían a la disposición de ellos. 163-164

4. El hijo menor se convirtió en el propietario legal de su parte. Aunque la historia no lo menciona, se supone que le pidió a su padre el derecho de disponer de su parte. Lo que nunca debería haber sido solicitado, pero después de haberlo pedido, lo que debería de ser conservado para el cuidado del padre hasta que este muriera, se vende. 164

5. En el mundo antiguo, uno esperaría que el padre estallara en furia y que disciplinara a su hijo. El padre tenía control absoluto de la familia. 166

6. En este contexto, el padre no habría concedido tal solicitud sin por lo menos pedirle a su hijo que estuviera de acuerdo en cuidarlo cuando él envejeciera. Pero este padre no hace esto, cual hace que esta situación sea tan remarcable. Aquí hay amor como el mundo jamás ha visto. 166

7. Legalmente, un padre no podía conceder una herencia si había alguna coacción. Solamente lo podría hacer si esta acción fuese totalmente voluntaria. Si hubiera coacción, la transferencia no sería válida. Por lo tanto, el padre tuvo que actuar como si su acción fuese completamente voluntaria. Tubo que ocultar su angustia. 167

8. El qesasah - "el corte" - Si un hombre se casaba con una mujer impura o si vendía propiedad a los gentiles, se cortaba de la sociedad. Esto demostraba la solidaridad de la comunidad. Cuando el pródigo regresó, se descubriría que todo lo había perdió a los gentiles y sería aislado. 168

9. El hermano mayor recibe su herencia al mismo tiempo que el hijo menor. "Él *les* dividió la herencia." "*Todo lo que tengo es suyo.*" Él debería haber protestado en voz alta cuando recibió su parte de la herencia. Esto sería una protesta en contra de su hermano menor y debería haber proclamado su lealtad. Pero su silencio lo dice todo. 168

10. Jesús dijo que el hijo vendió sus bienes "no muchos días" después de que los recibió. Actuó con rapidez porque la comunidad se volvería contra él por su traición contra su familia. Quiere salir de la ciudad lo más pronto posible.

En Un País Lejano

1. Suponemos que el Prodigo era inmoral, aunque el pasaje no lo indica. El hermano mayor lo menciona después, pero esto podría ser solo su exageración. El texto dice que era despilfarrador de sus bienes. Lo que debería haber utilizado para su padre lo perdió y se lo gastó en sí mismo. 170

2. Diez hambrunas están registradas desde 169 AC hasta 70 DC. Esto habría sido una imagen poderosa para los oyentes de Jesús. 170

3. En una hambruna, habrá peticionarios en la puerta de uno que tiene comida. La manera de deshacerse de una persona que no se va, es dándole un trabajo inconcebible. 170-71

4. No sólo está con los animales inmundos, él también tendría que trabajar el sábado. Sus acciones eran una renuncia total a su fe. 171

5. La comida de los cerdos era una algarroba silvestre que no tenía suficiente nutrición para un ser humano. Los cerdos podían escarbar sus bayas. Las

comidas con alto valor alimenticio no se les daba a los cerdos durante una hambruna. 173

6. Nadie le daba nada. El idioma original esta en el tiempo imperfecto mostrando una acción continua. Esto significa que intentaba mendigar o que nadie le estaba dando algo regularmente. Vivía con la incertidumbre. 173

7. Se estaba muriendo de hambre. Él recibía algo por su trabajo, pero en una época de hambruna, el trabajo era barato y se contrataba por casi nada. 173

8. Un tipo de arrepentimiento esta en vista con el cambio que el hijo tuvo, pero este no era un arrepentimiento total. Simplemente podría haber sido un reconocimiento de su estado precario – de las consecuencias de sus acciones. Pero esto es un comienzo y es así como Dios obra con nosotros. Él nos permite experimentar las consecuencias de nuestras acciones. 175

9. "He pecado contra el cielo y ante ti." ¿Cuál fue su pecado? Se da cuenta de que no utilizó su dinero como debió hacerlo - para cuidar de su padre. Lo ha perdido todo. ¿Qué hubiera pasado si no lo hubiera perdido todo? ¿Se habría arrepentido? ¿Habría llegado a sus sentidos al realizar esto? Por lo tanto, Dios usa el hambre/la necesidad para que reconozcamos lo que hemos hecho. No solamente

perdió su dinero. No solamente tuvieron malos resultados sus acontecimientos, si no que ahora se da cuenta del horror de lo que ha hecho. Él ha tomado lo que era legítimamente de su padre y lo malgastó. No sólo su padre no se benefició, sino que también el beneficio para él se ha perdido. El dinero traía consigo una responsabilidad moral. 176

10. "Llegar a ser jornalero" - La palabra griega es *misthios,* que lleva consigo la idea de ser libre, de ir y venir, en contraste esta un *doulos* o un *paides* quien estaría ligado a casa. Como un *misthios* independiente, él sería socialmente equivalente a su padre y a su hermano y podría ganarse la vida para pagar lo que debía. Él tiene la oportunidad de compensar su error. Esto mantiene el orgullo intacto. 176-178

11. Si trabaja como un *doulos* o un *paides*, comerá el pan de su hermano. Esto requeriría la reconciliación con su hermano, sin embargo, esto no era necesario porque su plan era convertirse en un trabajador asalariado que vendría durante el día para trabajar y luego se iría. 178

12. Él tendrá que enfrentarse al pueblo. Su familia llevará a cabo la ceremonia qesasah. Él simplemente tendrá que tratar con el disgusto de la comunidad por lo que ha hecho. 181

El Hijo Regresa

1. En el Medio Oriente los hombres dignos no corren. El padre corriendo hacia su hijo atraería una multitud. 182

2. Normalmente el hijo le habría besado la mano o los pies a su padre, pero este es impedido por los besos que le da su padre. 182

3. La palabra griega *kataphileo* puede significar besar tiernamente o repetidamente. Para los hombres era aceptable besarse repetidamente. 183

4. El padre se reconcilia con el hijo en la orilla de la población, y el hijo vuelve a entrar al pueblo bajo el cuidado y la protección del padre. 182

5. El hijo no termina el discurso. Su discurso ha sido acortado, pero no por la interrupción de su padre, sino por la gracia de su padre. Él llegó con la mentalidad de un arrepentimiento mediante las obras, y como un trabajador contratado, quería un tipo de independencia. Su plan es hace añicos por la gracia y la compasión de su padre. 183

6. Él comprende que la cuestión no era el dinero perdido, sino la pérdida de la relación. El pensamiento que él puede compensar mediante el trabajo es un insulto a la gracia. 183-84

7. Los sirvientes esperan una idea de cómo tratar al hijo. Esta se les da cuando el padre les dice que vistan al hijo como un rey. 184-85

8. La mejor túnica es la del padre, se usa para fiestas o para grandes ocasiones. 185

9. El anillo sería un anillo de sello. 185

10. Los zapatos en sus pies muestran que él no es un sirviente. 185

11. El matar el becerro significa que toda la comunidad está invitada. El muchacho se reconcilia con toda la comunidad. Los terneros se mataban para las bodas, para la visita de un funcionario, o para cualquier tipo de gran ocasión. 186

12. Si el padre hubiera esperado en la casa, habría tenido otro sirviente. Pero debido a que él salió con humildad, él recupero un hijo. 190

El Hijo Mayor

1. La música y el baile hubieran sido tan ruidosos y bulliciosos que el hijo mayor lo hubiera oído antes de llegar a casa. 192

2. El hijo mayor se da cuenta por la música que está tomando lugar una ocasión de alegría. Normalmente, un hijo entraría al regocijo, pero éste es cauteloso. 193

3. Él le pregunta a un niño. Los niños se congregaban afuera para hablar, bailar y jugar. Es natural que el

hijo mayor se encuentre con ellos primero y que le pregunte a uno de ellos acerca de lo que sucedía. 194

4. El texto griego dice que el hijo mayor seguía haciendo preguntas. Quería saber el estado de su hermano, sobre todo si era rico o pobre, y obtiene su información del niño. 194

5. Normalmente, el hijo mayor tendría la responsabilidad de asegurarse de que todos tenían suficiente para comer y de que se estaban divirtiendo. Todo esto es para honrar al invitado especial. Se esperaría que él abrazara y felicitara a su hermano y que recibiera felicitaciones de los invitados por el regreso de su hermano. 194-95

6. El no entrar era un insulto para el padre y el insulto se multiplica cuando discute en público con su padre. 195

7. Después de semejante insulto, la comunidad esperaría que el padre reprendiera a su hijo mayor y que volviera a entrar al banquete. En cambio, el padre le muestra amor al hijo mayor y busca reconciliarse con él. 196

8. Después del intento de conciliación por parte del padre, el hijo mayor se dirige a su padre pero sin título. Este es otro insulto. 196

9. El hijo menor fue rebelde fuera de la casa. El hijo mayor fue rebelde "dentro de la casa." 197

10. El hijo mayor se refiere al pródigo con "su hijo", en lugar de "mi hermano", así distanciándose de su familia. 198-99

11. "Él tomó su vida." Este fue el recordatorio del hermano mayor de que el hijo menor debería haber preservado su parte para su padre. Él está diciendo que el hijo menor no ama a su padre. 199

12. El hijo mayor, añade "rameras". Este es el primer uso de esta palabra en la parábola. Es una exageración y un intento para hacer que él hijo menor se vea peor. 199

13. El padre podría haber ordenado al hijo mayor que entrara a casa con el fin de salvar las apariencias, pero esto no lo hubiera cambiado y lo habría mantenido en su condición de esclavitud. 200

14. Cuando el padre le habla, él utiliza la palabra tierna, "mi hijo". 200

15. "Todo lo que es mío es tuyo." El padre le asegura al hijo que sus derechos están protegidos.

16. "Nunca me diste un cabrito." El hijo mayor no tomó el derecho de disposición. Pero ahora que lo menciona, parece que él quiere a su padre muerto tal como el menor lo había deseado. El hijo menor tenía todos los banquetes que quería pero el hijo mayor no tenía ninguno. Ahora él también quiere un banquete. 202

17. Jesús no termina la historia. Él deja que todos lleguen a su propia conclusión. Mientras Él reúne a los marginados de Israel en Su compasión - los recaudadores de impuestos y los pecadores - Invita a las autoridades religiosas a que se unan a Él en la celebración. Pero ellos deben elegir "entrar en la casa con Él para la celebración."

~~~

"Jesús está discutiendo dos tipos básicos de hombres.
Uno está fuera de la ley sin la ley,
y el otro está fuera de la ley dentro de la ley.
Ambos se rebelan.
Ambos rompen el corazón del padre.
Ambos terminan en un país lejano, uno físicamente
él otro espiritualmente. El mismo amor inesperado se
le demuestra en humildad a cada uno. Para ambos,
este amor se vuelve crucial si los sirvientes
han de hacerse hijos".
- Dr. Kenneth Bailey, *Poet and Peasant*
(Poeta y Campesino), p. 203

74602681R00055

Made in the USA
San Bernardino, CA
19 April 2018